선생님이 만든

좔좔 글읽기

· · · · · · · · · ·

1권 우리 집에 놀러 와

선생님이 만든 좔좔 글읽기

1권 우리 집에 놀러 와

초판 1쇄 2014년 4월 15일
초판 4쇄 2023년 12월 1일

지은이 서울경인특수학급교사연구회

펴낸이 방영배
디자인 강민재
펴낸곳 다음생각

주소 경기도 고양시 일산동구 중앙로 1261번길 19 호수광장빌딩 204호
전화 031-903-9107   **팩스** 031-903-9108   **이메일** nt21@hanmail.net
출판등록 2009년 10월 6일 제2019-000144호
인쇄 현문 **종이** 월드페이퍼
ISBN_**(전 4권)** 978-89-98035-27-3 (64700)

책이 나오기까지

〈서울경인특수학급교사연구회〉는 통합교육과 특수교육의 여건이 제대로 마련되지 않았던 90년대 초에 서울, 경기, 인천의 초등학교 특수학급 교사들이 모인 이래 지금까지 계속되고 있는 연구 모임입니다. 그동안 함께 모여 공부하고 올바른 교육의 방향에 대해 고민하면서 새로운 통합 프로그램 등을 만들어 보급해 왔습니다. 『선생님이 만든 좔좔 글읽기』도 이런 고민과 연구 과정을 거쳐 나온 책입니다.

읽기를 배우는 데 오랜 시간이 걸리는 아이들의 경우 좋은 교재와 다양한 방법으로 가르쳐야 함에도 마땅한 자료와 프로그램이 없어 고민이 많았습니다. 그래서 연구회 교사들은 2010년부터 국어 교육에 관한 연수를 들으며 국어 교육과정을 분석하고 국어의 각 영역별 목표 체계를 정리했습니다. 회원들이 각자의 국어 수업 사례를 발표하며 좋은 국어 수업 방법에 대해 고민한 끝에 2012년에 읽기 이해력 향상을 위한 자료를 만들었습니다. 총 25명의 현장 교사들이 직접 글을 쓰고, 읽기 이해 문제와 관련 활동지를 만들었습니다. 이 읽기 교재를 수업에 활용해 보니 아이들이 흥미 있게 수업에 참여하고 독해력이 향상되는 것을 알 수 있었습니다. 그동안 아이들에게 맞는 자료를 일일이 수정해 만드느라 애썼던 선생님들도 이 자료를 활용해 훨씬 수월하게 활동적인 수업을 할 수 있었다고 합니다.

이 책을 출판하기까지 많은 시간과 노력이 필요했습니다. 그 과정에서 여러 사람들에게 도움을 받았습니다. 덕원예고에서 미술을 전공하는 학생들이 약 1,200컷의 그림을 정성껏 그려 주어 책의 내용이 더욱 풍부해졌습니다. 그리고 도서출판 〈다음생각〉에서 의미 있는 결정을 내려 준 덕분에 이 책이 만들어질 수 있었습니다. 자원봉사로 수고해 준 덕원예고 학생들과 편집 작업에 애써 준 〈다음생각〉 출판사 분들께 깊은 감사를 드립니다.

여러 아이들의 다양한 특성에 맞는 단 하나의 교재란 있을 수 없습니다.

다만 『선생님이 만든 좔좔 글읽기』가 특수학급, 특수학교, 또 다른 교육 현장에서 국어 수업을 좀 더 풍요롭게 할 수 있는 자료가 되면 좋겠습니다. 아이들이 이 책으로 재미있게 공부할 수 있기를 바랍니다.

서울경인특수학급교사연구회

책의 특징

　우리나라 아이들은 일찍부터 한글을 배우기 시작하여 초등학교에 들어가기 전에 이미 글을 줄줄 읽는 경우가 많습니다. 이를 반영하듯 초등학교 국어 교과서는 처음에 낱자 학습 및 단어 읽기를 다루다가 난이도가 급격히 높아집니다. 1학년 1학기 말쯤 되면 실제로 10문장 이상의 긴 글을 읽을 수 있어야 수업을 따라갈 수 있습니다. 한글을 깨치지 못한 상태로 입학하는 아이들의 경우 국어 수업에서 어려움을 겪을 수밖에 없습니다. 따라서 이제 막 문장 읽기를 시작하여 글을 유창하게 읽고 이해하는 데까지 많은 시간이 걸리는 학생들의 특성을 고려한 적합한 교재가 필요합니다.

　이 교재는 학생의 연령에 맞는 좋은 문장으로 학습자의 속도에 맞게 읽기 이해력을 높일 수 있도록 개발하였습니다. 읽기를 배우는 데 오래 걸리는 아이들도 좋은 글을 읽고, 글에서 정보를 얻고, 글을 읽는 즐거움을 가질 수 있게 하고자 합니다.

　1. 짧은 글을 읽고 내용을 이해할 수 있도록 다양한 활동으로 구성했습니다. 문장 읽기 수준에 있는 학생들은 누구나 이 책으로 독해 공부를 할 수 있습니다. 특수학급이나 특수학교에 재학하는 초・중・고 학생, 읽기에 어려움을 가지고 있는 학습 부진 학생, 한글을 배우기 시작하는 다문화 학생이나 재외교포를 대상으로 하는 한글교실에서도 사용할 수 있습니다.

　2. 각 단계는 읽기 이해의 수준별로 분류해 제작하였습니다. 1단계의 목표는 1~2문장을 읽고 이해하는 것이며 마지막 4단계의 목표는 글의 구조를 이해하는 것입니다. 단계에 따라 글의 길이, 문장과 어휘의 난이도, 질문의 난이도가 높아집니다.

　3. 다양한 종류의 글을 접하도록 제시하였습니다. 생활글, 실용적 정보를 주는 글, 문학 작품(시, 이야기), 노랫말, 일기, 설명글 등 다양한 글을 통해 읽기 이해력을 높이도록 하였습니다. 초등국어교육과정의 목표와 내용체계를 고려하였고 초등교육과정에서 다루는 주제를 선정하여 교사들이 직접 글을 썼습니다. 그림책이나 시와 같은 문학 작품을 선정한 경우에는 전문을 제시하여 학생들이 문학 작품 전체를 느끼도록 하였습니다. 실생활에서 정보를 주는 글을 바로 읽고 활용할 수 있도록 실용글 읽기를 제시했습니다.

　4. 읽기 이해 능력을 중심으로 접근하지만 듣기, 말하기, 쓰기를 함께 배울 수 있도록 다양한 활동을 제시하였습니다. 읽기 이해 능력은 읽기 기술만을 따로 가르치는 것에 의해 향상되지 않으며 다른 영역과 총체적으로 접근하는 것이 바람직하기 때문입니다. '글마중, 신나는 글 읽기, 이야기 돋보기, 낱말 창고, 우리말 약속, 뽐내기'라는 꼭지를 두어 활동적인 수업이 되도록 제시하였습니다.

　5. 읽기를 천천히 배우는 아이들의 특성을 고려하여 충분히 공부할 수 있도록 단계를 세분화하였습니다. 학생들의 연령과 특성에 맞게 선택하여 제시할 수 있도록 같은 수준의 자료를 다양하게 준비하였습니다.

책의 구성

'글마중'에는 배워야 할 전체 본문을 제시했습니다. 읽기가 서툴러 짧은 글을 읽는 아동이라 하더라도 국어 교육 목표에 따라 문학 작품 등을 부분만 제시하는 것은 바람직하지 않습니다. 아직 술술 읽는 것이 어렵지만 읽기를 재미있게 받아들일 수 있도록 완성도 있는 짧은 글을 그림과 함께 제시하였습니다.

'신나는 글 읽기'에서는 본문의 내용을 쉽게 파악할 수 있도록 글에 관련된 여러 활동을 제시하였습니다. 다양한 방법으로 읽기, 그림으로 전체 내용 파악하기, 내용과 관련된 듣기·말하기 활동 등으로 구성되어 있습니다. 이 꼭지를 통해 아이들은 읽기 활동을 재미있게 느낄 것입니다.

'이야기 돋보기'는 문장의 구조를 활용하여 내용을 파악하기 위한 반복적인 연습문제로 구성되어 있습니다. 본문의 문장을 나누어 제시하고 글의 내용에 관한 질문에 답하도록 문제를 제공하였습니다. 단계에 따라 문장의 길이, 문제의 난이도, 단서 수준, 답을 쓰는 방법을 달리하였습니다.

'낱말 창고'에서는 본문에 있는 낱말 중 어려운 낱말을 선정하여 낱말 뜻 익히기나 쓰기 활동, 맞춤법, 어휘 관련 활동을 제시하였습니다. 본문의 낱말과 관련된 여러 어휘를 제시하여 어휘력 향상을 꾀하였습니다.

'뽐내기'는 본문과 관련된 다양한 쓰기와 표현 활동으로 구성하였습니다. 반복적인 쓰기 연습만으로는 아이들 스스로 쓰기 표현을 즐길 수 없습니다. 글마중의 내용과 관련된 쪽지도 쓰고, 그림도 그리고, 만들기도 하면서 쓰기를 즐겁게 느낄 것입니다. 1단계에서 문장 완성하기부터 시작하여 마지막 단계에서는 글의 주제와 종류에 따라 글을 쓰는 방법까지 다루게 됩니다.

'우리말 약속'에서는 아이들이 익혀야 하는 말본지식(문법)을 이해하기 쉽게 제시하고 반복 연습을 통해 익히도록 합니다. 자모음 체계 익히기, 품사와 토씨(조사) 등의 문장구조 익히기, 어순대로 쓰기, 이음말(접속사) 익히기 등 말본지식을 활용할 수 있도록 다양한 활동을 제시합니다.

책의 꼭지 활용 방법

🔵 〈글마중〉에 나온 글을 다양한 방법으로 읽게 해 주세요. 적당한 속도로 정확하게 읽을 수 있어야 글의 내용을 이해할 수 있습니다. 문장을 읽기 시작한 아이들의 경우 소리 내어 읽는 것은 매우 중요합니다. 자기가 읽은 것을 들으며 읽은 내용을 이해하기 때문입니다. 눈으로 읽은 것을 바로 이해하는 묵독을 할 수 있는 단계가 되기 전까지는 다양한 방법으로 소리 내어 읽는 활동을 많이 해 보는 것이 좋습니다. 읽기의 유창성과 정확도를 높이면 읽기 이해력도 향상됩니다.

읽어 주는 것 듣기, 교사가 한 문장이나 한 구절씩 읽으면 따라 읽기, 중요한 단어나 구절만 따로 읽기, 입 맞추어 함께 읽기, 구절 나누어 읽기, 번갈아 읽기, 돌아가며 읽기, 혼자 읽기 등의 방법을 활용하면 좋습니다. 아이가 읽은 것을 녹음해 다시 듣게 하거나 친구와 서로 읽어 주는 방법도 동기 유발에 좋습니다.

🔵 〈신나는 글 읽기〉와 〈뽐내기〉는 표현 활동이므로 학습지만 활용할 것이 아니라 실제 활동을 통해 익히도록 해 주세요. 노래를 함께 부르고, 동작을 만들어 보세요. 주제와 관련하여 말하기, 동작, 음률, 미술, 몸짓, 놀이 등 다양한 표현 활동과 연계하여 활동적인 수업을 해 보세요. 이렇게 통합적으로 접근하면 아이들의 자유로운 표현 능력이 향상되고 흥미 있게 참여할 것입니다. 다양한 활동을 통해 자연스럽게 말하기, 쓰기 표현 능력이 향상될 수 있도록 연계하여 지도할 수 있습니다.

🔵 〈이야기 돋보기〉는 이해 목표에 따른 반복 활동으로 연습을 할 수 있게 되어 있습니다. 문장 단서와 그림 단서를 활용하는 방법을 알려 주세요.

지도 교사 도우미

🔵 〈꼭지별 내용 체계〉는 주제에 관한 꼭지 구성이 어떻게 되어 있는지 한눈에 볼 수 있도록 표로 정리되어 있습니다. 수업 계획을 세울 때 활용하거나 평가할 때 체크리스트로 사용해도 좋을 것입니다.

🔵 〈좀 더 활용해 보세요〉는 주제와 관련하여 추가로 지도할 수 있는 수업 아이디어를 제공하였습니다.

너도나도 이야기해요.	듣기, 말하기와 관련된 활동을 소개하였습니다.
같이 읽어요.	주제와 관련하여 아이와 함께 읽어 보면 좋을 책을 소개하였습니다.
마음대로 나타내요.	주제와 관련된 다양한 쓰기 표현 활동을 제시했습니다.
함께 놀아요.	주제에 맞는 과학, 미술, 음악, 놀이, 연극 놀이, 자연 놀이, 요리 활동 등 다양한 통합 활동이 포함되어 있습니다.

🔵 선생님께 한마디 는 교사가 참고할 만한 지도 방법을 학습지 하단에 제시한 것입니다.

좔좔 글읽기

1단계의 목표와 내용 구성

★ 1단계는 아이들의 생활에 관련된 주제를 중심으로 4권의 책으로 엮었습니다.

★ 1단계는 문장 읽기를 시작한 아이들에게 짧은 생활문이나 노랫말, 주변에서 흔히 접할 수 있는 짧은 글을 통해 읽기에 흥미를 갖도록 하였습니다.

★ 1단계의 목표는 다음과 같습니다. 단, 제시 방법에 따라 목표를 조정할 수 있습니다.
 - 읽기 : 3~5문장의 짧은 글을 그림과 연결하여 내용을 파악할 수 있다.
   1문장을 읽고 '누가, 어디, 무엇'에 관한 질문에 단서를 이용하여 답할 수 있다.
 - 듣기 말하기 : 대화 주제와 관련하여 다양한 언어 표현 활동에 참여할 수 있다.
 - 쓰기 : 주제에 관련한 짧은 문장 쓰기를 통해 쓰기 표현에 흥미를 느낄 수 있다.
 - 문학 : 짧은 생활문, 동시, 노랫말, 실용문 읽기를 통해 읽기에 흥미를 느낄 수 있다.
 - 문법 : 닿소리와 홀소리를 조합하는 글자의 구성 원리를 파악할 수 있다.

	1권 〈우리 집에 놀러 와〉	2권 〈학교는 즐겁다〉	3권 〈와! 신나는 방학이다〉	4권 〈우리들은 자란다〉
전체 구성	동물원 주말농장 엄마 결혼 이사	소개하기 학교생활 운동회 주말 이야기 건강 검사	여름방학을 시작하며 가족 여행 할머니 댁에 왔어요 시골 생활	캠핑 밴드부 문화 체험
글마중	글마중에 실려 있는 본문은 3~5문장의 짧은 글로 제시하였습니다. 한 문장의 짜임은 2~5어절로 되어 있습니다. 본문의 내용을 이해하기 쉽게 그림을 함께 넣었습니다. 생활문, 편지나 일기, 동시나 노랫말, 광고나 안내문 등 주변에서 접할 수 있는 짧은 글을 다양하게 구성하였습니다.			
신나는 글 읽기	본문과 관련된 미술, 동작, 음률 활동이 제시되어 있습니다. 글의 주요 내용을 그림에서 찾거나 주제와 관련해 실생활에 응용하는 활동도 포함되어 있습니다.			
이야기 돋보기	글마중의 본문을 1문장씩 나눠 '누가, 무엇, 어디'에 관한 질문에 답하도록 문제를 제시했습니다. 의문사와 답에 색으로 단서를 제공하여 문장 구조에 따라 내용을 쉽게 이해할 수 있도록 하였습니다. 2개의 보기 중 하나를 고르게 하거나 그림을 단서로 답을 쓰는 형태로 구성하였습니다.			
낱말 창고	본문에 나오는 기본 어휘의 뜻을 익히거나 낱말 쓰기 활동을 제시하였습니다. 주로 이름씨(명사), 움직씨(동사), 흉내 내는 말 등을 다루고 있습니다.			
뽐내기	주제에 관련된 그림 그리기, 만들기 활동 등 다양한 표현 활동을 제시했으며 단어를 써넣어 문장을 완성하거나 1문장으로 표현하기를 목표로 했습니다.			
우리말 약속	닿소리와 홀소리의 이름과 획순 익히기, 낱자가 들어가는 단어 익히기, 첫소리와 가운뎃소리와 끝소리를 조합하여 글자를 만드는 활동으로 구성하였습니다.			

꼭지별 내용 체계

우리 집에 놀러 와!

주제	글마중	신나는 글 읽기	이야기 돋보기	낱말 창고	뽐내기	우리말 약속
동물원	동물원 가는 날	본문 글과 어울리는 그림 고르기	1문장 읽고 어디에, 누구와, 무엇을 했는지 알기	똥, 동물원		
	와글와글 동물원	그림과 알맞은 문장 연결하기	누가 무엇을 잘하는지 찾기	동물 울음소리		
	여우야, 여우야, 뭐하니?		여우가 무엇을 하는지 답하기	잠꾸러기, 미소천사, 멋쟁이, 개구쟁이, 꾀꼬리	여우야 여우야 전래놀이하기	- 모음 쓰기 - 동물원에 숨어 있는 홀소리 찾아 색칠하기 - 쓰는 순서에 주의하며 홀소리 쓰기 - 글에서 홀소리가 들어간 글자 보고 쓰기
주말농장	단이네 주말농장		1문장 읽고 누가, 무엇을 하는지 답하기	농장, 채소, 배추, 고구마, 상추		
	주말농장 가꾸기		1문장 읽고 누가, 무엇을 하는지 답하기	줍니다, 땁니다, 잡습니다, 뿌립니다		
	감자가 동글동글		흉내 내는 말과 어울리는 그림을 연결하기		채소를 골라 바구니에 붙이기	
	단이의 일기		어디에서, 무엇을, 어떻게 했는지 답하기		채소를 색칠하고 이름 붙이기	
	단지가 쓴 편지		누가, 어디에, 무엇을 했는지 답하기		친구에게 감사 답장 쓰기	

주제	글마중	신나는 글 읽기	이야기 돋보기	낱말 창고	뽐내기	우리말 약속
엄마	우리 엄마	엄마가 무엇을 잘하시는지 읽고 사다리 따라가기		요리사, 의사, 화가, 개그맨		- 'ㄱ'쓰기 - 'ㄱ'이 들어가는 낱말 익히기 - 첫소리, 가운뎃소리, 끝소리 조합해 'ㄱ'이 들어가는 낱자 만들기 - 'ㄱ'이 끝소리로 쓰이는 낱말 읽고 쓰기
	엄마는 다 번 아세요	상황에 필요한 그림 연결하기	엄마가 무엇을 아는지 고르기		엄마 얼굴 그리고 소개하기	
	어버이날 편지	5월 달력 완성하고 기념일 표시하기	누가, 무엇 물음에 답하기		엄마께 감사 편지 쓰기	
	엄마의 심부름	내가 해 본 심부름 고르기	글을 읽고 무엇 물음에 답하기			
	우리 집	우리 집에 누가 사는지 붙이기	누가 사는지, 동물들이 몇 마리인지 색칠하기	가족 호칭(아버지, 어머니, 형, 누나, 동생)	어항의 물고기 가족 그리기	
	엄마가 주신 생일 카드	내 나이만큼 케이크에 초 붙이고 생일 축하 노래 부르기	누가 쓴 글인지 쓰기 문장에 맞는 그림 찾기 글을 읽고 무엇 물음에 답하기	탈것(자동차, 비행기, 지하철, 배, 버스, 기차) 타다, 내리다		
결혼	'마리, 나랑 결혼할래?'를 읽고		독서감상문을 읽고 질문에 답하기		어른이 되어 결혼할 때 입을 옷과 장식 꾸미기	- 'ㄴ'쓰기 - 'ㄴ'이 들어가는 낱말 익히기 - 첫소리, 가운뎃소리, 끝소리 조합해 'ㄴ'이 들어가는 낱자 만들기 - 'ㄴ'이 끝소리로 쓰이는 낱말 읽고 쓰기
	결혼식 사진을 보며		글을 읽고 누가, 어떤지 묻는 질문에 답하기	친척의 호칭 익히기	가족 결혼식 사진을 보며 이야기 나누기	
	정호의 일기	결혼식과 관련된 그림 찾기	일기를 읽고 누가, 어떤지 묻는 질문에 답하기			
이사	이사 가는 날(1)	이사 가는 그림 찾기	한 문장을 읽고 무엇, 어디인지 질문에 답하기		이사 가고 싶은 집 그려 보기	
	이사 가는 날(2)	이삿짐 차에 실어야 할 물건 붙이기	이사 장면의 글을 보고 질문에 답하기		나만의 이삿짐 싸기	
	새 집에 왔어요	이삿짐 정리하는 가족들과 한 일 연결하기	이사 장면을 보고 누가, 무엇 질문에 답하기	가전제품 (냉장고, 컴퓨터, 전화기, 청소기)		
	이사를 끝내고	음식 그림과 이름을 선 따라 긋고, 연결하고 이름 쓰기	글을 읽고 무엇, 어디, 느낌에 답하기			
	소희의 엽서	엽서 형식에 맞게 내용 찾아 붙이기	엽서를 읽고 주요 내용 답하기			

좀 더 활용해 보세요

1장 동물원

아이들이 친근하게 느끼는 동물들을 소재로 하여 문장의 기본 구조를 습득할 수 있도록 돕고자 했습니다. 1문장을 읽고 누가, 어디서, 무엇을 했는지 반복적으로 파악하도록 하였습니다. 학생들의 흥미에 따라 더 다양한 동물들을 활용할 수 있어요.

활동 영역	관련 활동
너도나도 이야기해요	🧑 동시 읽기 '무엇을 주련?' (정근 작사 · 작곡)의 일부 소야 소야 나에게 무엇을 주련 음매- 음매- 맛있는 우유를 주지. 염소야 염소야 나에게 무엇을 주련 메- 메- 따뜻한 털옷을 주지. - 반복적으로 동물의 특징을 나타내는 동시를 활용하여 각 동물이 우리에게 주는 이로움을 익혀 보도록 한다. - 다양한 동물로 개사할 수 있다. 동시를 노래로 부르거나 가면을 쓰고 간단한 역할극을 할 수 있다.
같이 읽어요	📚 갈색 곰아, 갈색 곰아, 무엇을 보고 있니? **빌 마틴 주니어 글 / 에릭 칼 그림 / 더큰컴퍼니** 반복적인 문장 구성과 환상적인 동물의 그림이 어우러진 그림책. 📚 누가 내 머리에 똥 쌌어? **베르너 홀츠바르트 글 / 볼프 에를브루흐 그림 / 사계절** 두더지가 자기 머리 위에 똥을 싼 동물을 찾아 나서는 이야기. 여러 동물의 똥 모양을 통해 동물의 특징과 다양성을 배울 수 있음. 📚 누구야 누구 **심조원 글 / 권혁도 그림 / 보리** 아기 동물들이 엄마를 따라가면서 다른 동물이 누구인지 묻는 그림책. 동물의 특징을 울음소리로 알아내도록 미리 암시를 주는 구성.

활동 영역	관련 활동
같이 읽어요	 📚 한입에 덥석 **키소 히데오 글·그림 / 시공주니어** 커다란 수박 하나를 어떻게 나눠 먹을지 고민하는 동물들에 관한 이야기. 동물들이 나타내는 의성어, 의태어를 재미있게 맛볼 수 있는 그림책.  📚 손바닥 동물원 **한태희 글·그림 / 예림당** 손바닥 찍기 놀이로 독특하고 재미있는 동물원 풍경을 그린 그림책. 📚 그건 내 조끼야 **나카에 요시오 글 / 우에노 노리코 그림 / 비룡소** 생쥐 엄마가 떠 주신 빨간색 멋진 조끼. 작은 조끼를 입어 보는 큰 동물들의 익살스러운 표정과 점층적으로 반복되는 짧은 문장이 재미있는 그림책.
마음대로 나타내요	👧 동물 책 만들기 동물원의 동물들을 색칠하고 이름과 소리를 단어와 문장으로 표현하여 나만의 동물 책을 만들어 본다. 👦 '나는 누구일까요?' 동물 퀴즈 동물의 부분 그림을 보고 알맞은 이름을 찾아 선으로 잇기, 동물들의 특징을 듣고 이름을 쓰기, 동물 사진을 보고 동물의 이름과 특징 쓰기 등의 퀴즈 활동을 할 수 있다.
함께 놀아요	👧 노래 부르기 : 작은 동물원 - 김성균 작곡 - 노래와 율동으로 동물들에 대한 흥미를 높일 수 있다. 👧 전래 놀이 : '여우야, 여우야' 놀이 움직임을 나타내는 여러 가지 말을 노래에 넣어 불러 볼 수 있다. 👧 과학 활동 : 동물들의 변화 올챙이와 개구리, 애벌레와 나비 등 동물들의 변화를 주제로 심화 활동을 할 수 있다. 👧 미술 활동 : 동물 그림 꾸미기 동물 그림을 오려서 꾸미는 미술 활동도 재미있다.

2장 주말농장

자연은 아이들에게 가장 좋은 선물이자 친구입니다. 자연은 아이들에게 많은 것을 보여 주고 경험하게 해 주는 교육의 장입니다. 그래서 요즘은 도시에 사는 아이들도 주말을 이용해서 농장을 가꾸거나 여러 가지 생태 학습을 하는 경우가 많습니다. 농장에는 채소, 과일, 식물, 동물도 많고 자연 안에 더불어 사는 사람들도 있지요. 우리 삶에 필요한 것들이 가득한 농장을 통해 자연에 대한 감수성을 기르는 것과 함께 문장의 기본 구조를 연습할 수 있도록 하였습니다.

활동 영역	관련 활동
너도나도 이야기해요	😀 이건 어디를 먹지? 맞혀 보자. 식물은 뿌리, 줄기, 잎, 꽃잎으로 되어 있다. 식물마다 먹을 수 있는 부분이 다르다. 당근은 뿌리이고, 콩은 씨앗을 먹는다. 그림이나 사진을 보고 친구와 이야기를 나누면서 어느 부분인지 맞혀 보도록 한다.
같이 읽어요	📚 야채가 좋아 **조미자 글·그림 / 미래아이** 동물 친구들과 함께 어울려 씨앗을 뿌리고 채소(야채)를 기르는 과정이 한 편의 뮤지컬을 보듯 재미있게 펼쳐지는 그림책. 📚 너는 어떤 씨앗이니? **최숙희 글·그림 / 책읽는곰** 보잘것없는 씨앗이 저마다의 아름다운 꽃을 피워 내는 이야기를 통해 아이들의 꿈을 응원하는 그림책. 📚 고라니 텃밭 **김병하 글·그림 / 사계절** 숲 속에 작업실을 마련하고 텃밭 농사를 시작한 화가 김씨 아저씨가 텃밭을 망쳐 놓는 고라니와 한바탕 소동을 벌이는 이야기.

활동 영역	관련 활동
같이 읽어요	📖 **상우네 텃밭 가꾸기** **박소정 글·그림 / 길벗어린이** 어느 봄날, 가족과 함께 씨앗을 사러 간 상우가 참외를 키워 보기로 결심하고 그 과정을 담은 그림책. 📖 **호박이 넝쿨째** **최경숙 글 이지현 그림 / 비룡소** 한 해 동안 일어나는 호박밭의 변화가 다채롭고 경이로운 그림책. 강한 생명력을 가진 호박의 모습을 그대로 보여 준다. 📖 **맥도널드 아저씨의 아파트 농장** **쥬디 바레트 글 / 론 바레트 그림 / 미래 M&B** 생기 잃은 도시에 갖가지 채소를 심어 농장을 번창시키는 맥도널드 아저씨. 되찾아야 할 자연의 소중함을 일깨우는 그림책.
마음대로 나타내요	👧 **전단지 활동** 채소(야채)가 자라는 과정을 배우고 전단지에 채소(야채) 골라 오리기. 👧 **채소 책 만들기** - 채소(야채)의 이름과 색깔, 특징에 대해 쓰기. - 씨앗, 방울토마토가 자라는 순서대로 그림을 붙이고 선을 잇거나 문장 쓰기.
함께 놀아요	👦 **과학 활동 : 채소 기르기** 몸에 좋은 채소를 직접 기르는 과학 활동을 할 수 있다. 👦 **요리 활동 : 채소 비빔밥** 직접 기른 채소로 채소 비빔밥을 요리하여 먹을 수 있다. 👦 **조형 활동** 점토를 이용해 몸에 좋은 채소(야채)를 만드는 조형 활동을 할 수 있다.

3장  엄마

이 세상에서 가장 소중한 이름, '엄마'

아이들에게 가장 가까운 엄마를 소재로 다양한 문장을 제시하고자 하였습니다.

엄마가 우리에 대해 얼마나 잘 아시고, 얼마나 많은 역할을 하시는지, 우리가 어떤 심부름을 할 수 있고, 어떻게 고마움을 표현해야 하는지에 대해 가르쳐 주세요.

활동 영역	관련 활동
너도나도 이야기해요	🧒 나에게 엄마는? - 언제 엄마의 사랑을 느끼는지, 나에게 엄마는 어떤 사람인지에 대해 이야기해 본다. - 가정에서 엄마가 하시는 일에 대해 생각해 본다. 남녀 구분 없이 일할 수 있음을 알고, 가족들이 함께 도울 수 있는 일에 대해 이야기 나눈다. 🧒 엄마를 도와요 - 엄마, 아빠 어깨를 주물러 드리고 나서 느낀 점과 부모님이 하신 말씀 발표하기. - 엄마, 아빠를 1분 동안 안아 보고 느낌 말하기. - 집 청소를 한 후 느낀 점과 부모님이 하신 말씀 발표하기. - 어머니께 '우리 엄마가 최고 예뻐요.'라고 말해 드리기 등 재미있는 숙제를 해 본다.
같이 읽어요	📚 그래도 엄마는 너를 사랑한단다 **이언 포크너 글·그림 / 베틀북** 끊임없이 움직이고 큰 꿈을 품고 있으며 눈앞에 닥친 모든 도전에 뒷걸음치지 않는 꼬마 돼지 올리비아. 엄마를 정말 지치게 하지만 그래도 엄마는 올리비아를 사랑한다는 이야기.
	📚 돼지책 **앤서니 브라운 글·그림 / 웅진주니어** 엄마의 소중함과 고마움을 일깨우는 그림책.

활동 영역	관련 활동
같이 읽어요	📚 엄마가 제일 잘 알아! **질 머피 글·그림 / 길벗어린이** 아이의 끊임없는 질문에 지쳐 버린 엄마. 엄마 말을 믿고 따라 주었으면 하는 엄마의 마음을 보여 주는 그림책. 📚 우리 엄마 **앤서니 브라운 글·그림 / 웅진주니어** 굉장한 요리사, 놀라운 재주꾼, 세상에서 가장 힘센 여자, 훌륭한 화가, 마법의 정원사이기도 한 세상에서 제일 소중한 엄마에 대한 애정이 담겨 있는 그림책.
마음대로 나타내요	👧 우리 가족 소개하기 우리 가족의 사진을 붙이고 가족을 소개하는 문장을 써 본다. 👧 엄마와 장 보기 엄마와 장을 보고 어떤 물건들을 샀는지 기록해 본다.
함께 놀아요	👧 노래 부르기: 닮았대요 - 박경종 작사, 정혜옥 작곡의 노래. - 흥겨운 리듬의 노래로 어떤 곳이 닮았는지 손으로 가리키는 몸동작을 하며 노래할 수 있다. 엄마, 아빠와 내가 어디가 닮았는지 서로 이야기 나눈다. 👧 엄마 놀이 여러 가지 소품들을 이용하여 엄마가 하는 일을 모방하고 흉내 내어 보도록 한다. 👧 과학 활동: 내가 나오기까지 엄마 배 속의 아기는 어떻게 자랄까? 태어나기 전의 아기 모습, 아기를 가진 엄마의 사진을 보며 이야기를 나눈다.

4장 결혼

우리 반 00이를 좋아하게 된 아이라면 "난 00이랑 결혼할 거예요."라고 말을 하곤 합니다. 아이들은 부모님의 모습을 보며 결혼에 대해 자연스럽게 알아 가고 꿈을 키워 갑니다. 결혼에 관한 가족과 친척의 결혼식 사진을 보며 호기심이 생기고 질문이 많아지기도 합니다. 아이들과 함께 그림책도 읽고 결혼식의 다양한 모습도 찾아보세요.

활동 영역	관련 활동
너도나도 이야기해요	😊 같은 점, 다른 점 찾기 전통혼례와 결혼식의 사진을 보며 다른 점이나 같은 점을 찾아 이야기를 나눈다. 😊 모차르트 '피가로의 결혼식' 음악을 들으며 상상한 모습이나 느낌에 대해 이야기를 나눈다. 😊 결혼과 관련된 낱말 익히기 신혼여행, 청첩장, 폐백 등 결혼식과 관련된 여러 단어를 배워 본다.
같이 읽어요	📘 이모의 결혼식 **선현경 글·그림 / 비룡소** 파란 눈의 외국인과 결혼하는 이모를 축하하기 위해 떠난 여행 이야기. 인종을 넘어 가족이 되어 가는 따뜻한 이야기를 통해 다양한 결혼의 모습에 대해 생각해 보기. 📘 흰 토끼와 검은 토끼 **가스 윌리엄스 글·그림 / 다산기획** 항상 함께하고 싶은 흰 토끼와 검은 토끼 이야기. 사랑과 결혼의 의미를 일려 주는 그림책.

활동 영역	관련 활동
같이 읽어요	📖 마리, 나랑 결혼할래? **콜레트 엘링스 글 · 그림 / 시공주니어** 좋아하는 이성 친구가 생겼을 때 어떻게 하면 좋을까요? 올바른 관계 맺기를 배울 수 있는 이야기.
마음대로 나타내요	👧 결혼과 관련된 낱말 익히기 신랑, 신부, 주례, 신혼여행, 폐백, 청첩장 등
함께 놀아요	👦 결혼반지 만들기 - 준비물: 색 단추, 금색 철사 - 단추를 골라 단추의 구멍에 금색 철사를 끼워 넣는다. - 손가락에 대고 적당히 크기를 맞춘 뒤 금색 철사를 꼬아 준다. - 철사의 끝을 안쪽으로 넣어 주고 마무리한다. 👦 신랑 신부 릴레이 놀이 - 준비물: 나비넥타이, 면사포(간단하게 한지 등으로 만들거나 천을 이용) - 신랑팀, 신부팀으로 나누어서 릴레이 달리기 경주를 한다. - 신랑팀의 바통은 나비넥타이, 신부팀의 바통은 면사포로 하여 다음 주자에게 잘 입혀 주면 출발한다.

5장 이사

아직 이사를 한 번도 가 보지 않은 아이들이 있고 이사를 많이 다녀 본 아이들도 있을 것입니다. 이사는 부모님에게는 힘든 일이지만 아이들에게는 설레고 재미있는 경험이죠. 이사를 하면서 집의 여러 공간이나 물건을 볼 수 있고 정리하는 모습을 보며 정리 정돈의 습관도 기를 수 있는 좋은 기회가 될 수도 있답니다.

그런데 사람들만 이사를 하는 걸까요? 책에서는 이야기 나누지 못했지만 동물들도 이사를 다닌다고 합니다. 경험하고 싶다고 쉽게 경험할 수 없는 이사 이야기, 아이들과 함께 나눠 보세요.

활동 영역	관련 활동
너도나도 이야기해요	😊 **이삿짐을 확인해요 (수 세기 단위 알기)** 교실에서 이삿짐 싸기 놀이를 하며 여러 물건의 수를 세는 단위를 익히게 한다. 「송이가 이사를 간대」 책을 읽고 독후 활동을 해도 좋다. 😊 **이사한 경험 나누기** - 이사한 경험에 대해 이야기를 나누게 한다. - 이사한 경험이 있나요?, 누가 도와주셨나요?, 재미있는 일이 있었나요? 힘든 일이 있었나요?, 나는 무엇을 했나요? 등의 질문을 할 수 있다. 😊 **결혼과 관련된 낱말 익히기** 신혼여행, 청첩장, 폐백 등 결혼식과 관련된 여러 단어를 배워 본다.
같이 읽어요	📗 **999마리 개구리 형제의 이사** **키무라 켄 글 / 무라카미 야스나리 그림 / 더큰컴퍼니** 사람들만 이사를 가냐고요? 아니요! 개구리들도 이사를 간답니다. 트럭이 오고 짐을 나르지는 않지만 누군가의 도움으로 이사를 가는 개구리 형제네 이사 구경 가 볼까요?
	📗 **이사 가는 날** **김세온 글·그림 / 비룡소** 정든 친구와 헤어지고 새로운 곳으로 이사 가는 날을 그린 이야기. 부산하고 정신없지만 새롭고 설레는 날이기도 하다.

활동 영역	관련 활동
같이 읽어요	 📖 이사 가는 날 **야마모토 쇼조 글 / 시즈키 마모루 그림 / 크레용 하우스** 이사는 어떻게 하는 걸까요? 그림책을 넘기다 보면 이사를 잘할 수 있을 것 같은 그림책.  📖 이사 가는 날 **이수연 글·그림 / 리젬** 이사는 정든 곳을 떠나가는 슬픔이기도 합니다. 재개발로 인해 이사를 가야만 하는 아이들의 슬픔을 위로하고 싶은 이야기. 📖 이사 로봇, 우리 집을 옮겨 줘 **야다마 사로 글·그림 / 노란우산** 동글이의 엽기 코믹 상상여행 시리즈 중에 한 권! 집 밑에 있는 폭탄 때문에 이사를 가야 한다며 나타난 땅 파기 회사 사장은 이사 로봇이 어디든 이사를 해 줄 수 있다고 하는데…. 동글이네는 어디로 이사를 갈까요? 여러분은 어디로 이사를 가고 싶으세요?
마음대로 나타내요	👦 이삿짐은 10개만 가져가기 - 이사를 하는데 10개의 물건만 가져갈 수 있다는 가정을 한 후 무엇을 가져갈지 목록을 적어 본다. - 빙고판에 목록을 적은 후 빙고 놀이를 해 본다.
함께 놀아요	👦 이사 역할 놀이 - 준비 단계 : 이사한 경험을 말해 본다. 이사할 때 필요한 것은 무엇인지, 어떤 차로 옮겼는지, 높은 곳에는 어떻게 짐을 옮겼는지 이야기를 나눠 본다. - 역할 정하기 : 이사 놀이에 필요한 역할을 정한다. 이삿짐을 옮기는 사람, 운전하는 사람, 집주인 등이 어떤 일을 하는지에 대해 이야기를 나눠 본다. - 동작 표현하기 : 무거운 짐을 옮기기, 이삿짐 싸기, 사다리차로 물건 나르기 등의 움직임을 교사의 설명을 듣고 해 본다. - 역할 놀이 하기 : 친구들과 역할을 나눠 역할 놀이를 해 본다. 👦 물건 나르기 게임 - 교실의 사방에 4절지를 놓고 두 곳에 콩주머니를 20개씩 놓는다. - 두 팀으로 나누어 대각선 방향에 있는 콩주머니를 옮긴다. - 빨리 옮기는 팀이 이기는 게임이다. - 콩주머니 외에 교실의 여러 물건을 놓고 옮겨 보기를 해 본다.

선생님이 만든 좔좔 글읽기

1권

우리 집에 놀러와

우리 집에 놀러와

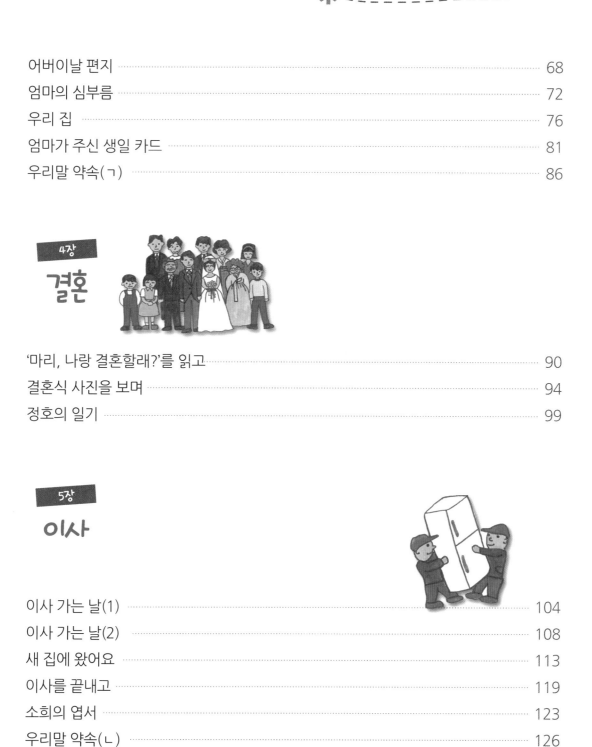

4장

결혼

5장

이사

동물원 가는 날

엄마, 아빠,
동생하고
동물원에 갔다.

철퍼덕!
코끼리가
똥을 눴다.

으, 냄새
코끼리야
화장실에 가야지.

선생님께 한마디 의성어와 의태어를 활용하여 동물을 따라해 보도록 해 주세요.

글마중을 읽고 어울리는 그림과 문장을 연결하세요.

엄마, 아빠
동생하고
동물원에 갔다.

　•

철퍼덕!
코끼리가
똥을 눴다.

　•

으, 냄새
코끼리야
화장실에
가야지.

　•

이야기 돋보기

다음 글을 읽고 알맞은 답을 찾아보세요.

엄마, 아빠, 동생하고 동물원에 갔다.

1. 우리 가족은 어디에 갔나요? ·········· (   )

① 동물원

② 놀이터

2. 나는 누구와 동물원에 갔나요? ·········· (   )

① 엄마, 아빠, 동생

② 친구

철퍼덕! 코끼리가 똥을 눴다.

3. 코끼리가 무엇을 했나요? ·········· (   )

① 똥을 눴다.

② 화장실에 갔다.

빈칸에 알맞은 낱말을 쓰세요.

☐ 을 누다.	☐☐ 에 가다.
☐ 을 누다.	☐☐ 에 가다.

 선을 이어 문장을 완성해 보세요.

동물원에 • • 눠요

똥을 • • 가요

와글와글 동물원

어흥, 어흥, 난 호랑이
숲 속에서 힘이 제일 세.

히이잉, 히이잉, 난 얼룩말
달리기는 내가 최고지.

끼끼, 끼끼, 난 원숭이
어느 나무든 잘 타지.

뒤뚱뒤뚱, 난 펭귄
헤엄치기 선수야.

선생님께 한마디) 의성어와 의태어를 활용하여 동물을 따라해 보도록 해 주세요.

동물 사진에 어울리는 문장을 서로 연결하세요.

   •   •   달리기는
내가 최고지.

   •   •   나무를 잘 타.

   •   •   헤엄치기
선수야.

   •   •   힘이 제일 세.

다음 글을 읽고 알맞은 답을 찾아보세요.

어흥, 어흥, 난 호랑이
숲 속에서 힘이 제일 세.

1. 누가 숲 속에서 제일 힘이 센가요?  (   )

① 호랑이   ② 얼룩말   ③ 원숭이

히이잉, 히이잉, 난 얼룩말
달리기는 내가 최고지.

2. 누가 달리기를 제일 잘하나요? (   )

① 호랑이   ② 얼룩말   ③ 원숭이

3. 얼룩말은 무엇을 잘하나요? (   )

① 춤추기   ② 달리기   ③ 노래하기

다음 글을 읽고 알맞은 답을 찾아보세요.

끼끼, 끼끼, 난 원숭이
어느 나무든 잘 타지.

1. 원숭이는 무엇을 잘하나요? .... (   )

① 춤추기   ② 줄넘기하기   ③ 나무 타기

뒤뚱뒤뚱, 난 펭귄
헤엄치기 선수야.

2. 펭귄은 무엇을 잘하나요? .... (   )

① 인사하기   ② 헤엄치기   ③ 웃기

 동물과 어울리는 울음소리를 연결해 보세요.

히이잉,
히이잉

멍!멍!멍!

야옹, 야옹

끼끼, 끼끼

여우야, 여우야, 뭐 하니?
잠잔다. 잠꾸러기

여우야, 여우야, 뭐 하니?
세수한다. 멋쟁이

여우야, 여우야, 뭐 하니?
밥 먹는다.

무슨 반찬?
개구리 반찬

죽었니? 살았니?
죽었다! / 살았다!

선생님께 한마디 즐겁게 노래 부르고 놀이를 하며 자연스럽게 노랫말을 익히도록 지도해 주세요.

다음 글을 읽고 알맞은 답을 찾아보세요.

여우야, 여우야, 뭐 하니?
잠잔다. 잠꾸러기

1. 여우는 무엇을 하고 있나요? ⋯⋯⋯⋯⋯⋯⋯⋯⋯⋯⋯ (   )

① 잠잔다

② 양치한다

여우야, 여우야, 뭐 하니?
세수한다. 멋쟁이

2. 여우는 무엇을 하고 있나요? ⋯⋯⋯⋯⋯⋯⋯⋯⋯⋯⋯ (   )

① 목욕한다

② 세수한다

다음 글을 읽고 알맞은 답을 찾아보세요.

여우야, 여우야, 뭐 하니?
밥 먹는다.

1. 여우는 무엇을 하고 있나요? ······················· (　　　　)

　① 밥 먹는다.　　　　　　　　② 설거지한다.

죽었니? 살았니?
죽었다! / 살았다!

2. 문장과 어울리는 그림을 연결하세요.

죽었다　　　•　　　　　　•　

살았다　　　•　　　　　　•　

월   일   요일   확인

 다음 그림과 어울리는 별명을 연결해 보세요.

   •   •   잠꾸러기

   •   •   미소천사

   •   •   멋쟁이

   •   •   개구쟁이

   •   •   꾀꼬리

뽐내기

 '여우야, 여우야, 뭐 하니?' 전래 놀이를 해 보세요.

움직임을 나타내는 여러 가지 말을
노래에 넣어 불러 보세요.

한 고개 넘어서 아이고 다리야

두 고개 넘어서 아이고 다리야

......

여우야, 여우야, 뭐 하니?

공부한다

수영한다

놀러 간다

누워 있다

운동한다

노래한다

물 마신다

청소한다

단이네 주말농장

단이네 주말농장입니다.

농장에서 채소를 기릅니다.

선생님께 한마디 햇볕, 바람, 물, 생명을 돌보는 정성이 모여 채소가 자랍니다. 아이들과 텃밭이나 화분에서 채소를 길러 보세요. 채소의 변화를 탐색하는 경험과 함께 하면 글 읽기가 더욱 재미있을 거예요.

다음 글을 읽고 알맞은 답을 찾아보세요.

단이네 주말농장입니다.

1. 누구네 주말농장인가요? ⋯⋯⋯⋯⋯⋯⋯⋯⋯⋯ (　　　)

① 단이네

② 할머니네

2. 주말은 무슨 요일을 말하나요? ⋯⋯⋯⋯⋯⋯⋯⋯⋯ (　　　)

① 월, 화, 수, 목, 금요일 　　　 ② 토요일, 일요일

농장에서 채소를 기릅니다.

3. 글마중의 주말농장 푯말을 읽고, 단이네 주말농장에서 키우는 채소 3가지에 ○ 하세요.

👦 빈칸에 알맞은 낱말을 넣어 문장을 완성하세요.

☐☐ 에 갑니다.	☐☐ 를 기릅니다.
☐☐ 에 갑니다.	☐☐ 를 기릅니다.

👦 다음 채소의 이름과 그림을 연결해 보세요.

 배추 •   •

 고구마 •   •

상추 •   •

주말 농장 가꾸기

단이 엄마는
씨앗을 뿌립니다.

단이 아빠는
물을 줍니다.

단이는
토마토를 땁니다.

동생은
벌레를 잡습니다.

다음 글을 읽고 알맞은 답을 찾아보세요.

단이 엄마는 씨앗을 뿌립니다.

1. 누가 씨앗을 뿌리나요? ·· (   )

   ① 엄마   ② 아빠   ③ 단이

2. 단이 엄마는 무엇을 하나요? ······························· (   )

   ① 씨앗을 뿌립니다.   ② 물을 줍니다.

단이 아빠는 물을 줍니다.

3. 누가 물을 주나요? ·· (   )

   ① 엄마   ② 아빠   ③ 단이

4. 단이 아빠는 무엇을 하나요? ······························· (   )

   ① 씨앗을 뿌립니다.   ② 물을 줍니다.

다음 글을 읽고 알맞은 답을 찾아보세요.

단이는 토마토를 땁니다.

1. 누가 토마토를 따고 있나요? ┄┄┄┄┄┄┄┄┄┄┄┄ (   )

   ① 엄마   ② 아빠   ③ 단이

2. 단이는 무엇을 하고 있나요? ┄┄┄┄┄┄┄┄┄┄┄ (   )

   ① 토마토를 땁니다.   ② 벌레를 잡습니다.

동생은 벌레를 잡습니다.

3. 누가 벌레를 잡고 있나요? ┄┄┄┄┄┄┄┄┄┄┄┄ (   )

   ① 동생   ② 아빠   ③ 단이

4. 동생은 무엇을 하고 있나요? ┄┄┄┄┄┄┄┄┄┄┄ (   )

   ① 토마토를 땁니다.   ② 벌레를 잡습니다.

 〈보기〉에서 알맞은 낱말을 골라 문장을 완성하세요.

씨앗을 [ ][ ][ ][ ] .

물을 [ ][ ][ ] .

토마토를 [ ][ ][ ] .

벌레를 [ ][ ][ ][ ] .

<보기>

줍니다   땁니다   잡습니다   뿌립니다

감자가 동글동글

감자가 동글동글

오이는 길쭉길쭉

호박은 둥글둥글

옥수수는 다닥다닥
알갱이가
붙어 있어요.

 다음 글을 읽고 알맞은 답을 찾아보세요.

감자가 동글동글, 오이가 길쭉길쭉

1. 동글동글하게 생긴 것은 무엇인가요? (   )

① 상추   ② 오이   ③ 감자

2. 다음 흉내 내는 말과 어울리는 그림을 연결하세요.

동글동글   ·   ·

길쭉길쭉   ·   ·

월   일   요일   확인

 다음 글을 읽고 알맞은 답을 찾아보세요.

호박은 둥글둥글
옥수수는 다닥다닥 알갱이가 붙어 있어요.

1. 알갱이가 다닥다닥 붙어 있는 채소는 무엇인가요? ……… (   )

① 오이   ② 호박   ③ 옥수수

2. 다음 흉내 내는 말과 어울리는 그림을 연결하세요.

둥글둥글 •

다닥다닥 •

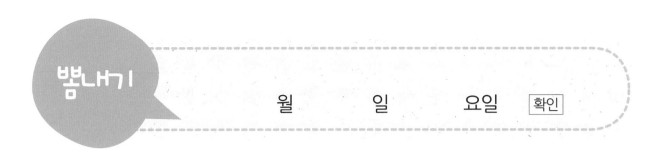

 붙임자료 에서 채소 그림을 골라 쇼핑카트에 붙이세요.

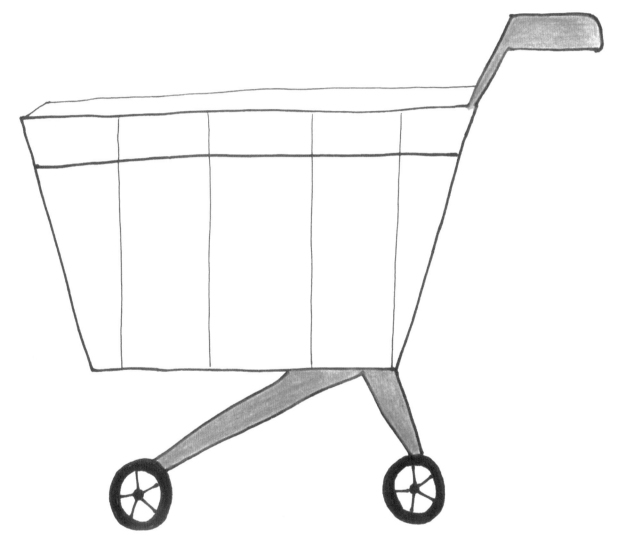

* 붙임자료는 133쪽에 있습니다.

| 옥수수 | 피자 | 감자 | 오이 | 토마토 | 호박 | 김밥 | 라면 |

단이의 일기

7월 8일 수요일 날씨: 맑음

제목: 주말농장

주말농장에서 키운
채소를 따 왔다.

아빠는 채소를
깨끗이 씻으셨다.

엄마가 샐러드를
만드셨다.

고기와 샐러드를
먹으니 꿀맛이었다.

다음 글을 읽고 알맞은 답을 찾아보세요.

주말농장에서 키운 채소를 따 왔다.

1. 어디에서 채소를 따 왔나요? ·································· (   )

① 채소 가게

② 주말농장

2. 주말농장에서 무엇을 따 왔나요? ·································· (   )

① 채소

② 과일

아빠는 채소를 깨끗이 씻으셨다.

3. 아빠는 채소를 어떻게 하셨나요? ·································· (   )

① 씻으셨다

② 자르셨다

월   일   요일   확인

 다음 글을 읽고 알맞은 답을 찾아보세요.

엄마는 샐러드를 만드셨다.

1. 엄마는 무엇을 만드셨나요? ⋯⋯⋯⋯⋯⋯⋯⋯⋯ (   )

① 김밥   ② 샐러드

고기와 샐러드를 먹으니 꿀맛이었다.

2. 샐러드를 무엇과 같이 먹었나요? ⋯⋯⋯⋯⋯⋯⋯ (   )

① 고기   ② 생선

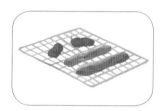   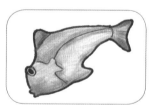

3. 다음 글과 어울리는 그림을 연결하세요.

샐러드를
만들어요.   •   •

채소를
씻어요.   •   •

 채소를 색칠하고 알맞은 이름을 붙임자료 에서 찾아 붙이세요.

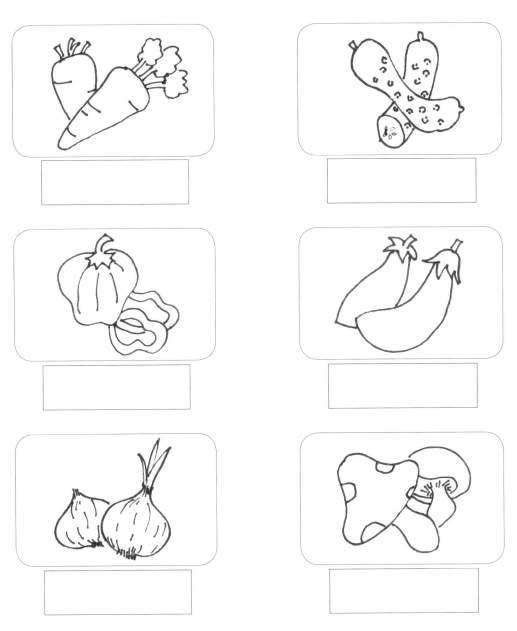

* 붙임자료는 133쪽에 있습니다.

오이   당근   감자   가지   피망   버섯   양파

단지가 쓴 편지

솔이야!

집 앞에 고구마를
놓고 간다.
우리 주말농장에서
키운 거야.
맛있게 먹어.

– 단지가 –

다음 글을 읽고 알맞은 답을 찾아보세요.

솔이야!

———————————   – 단지가 –

1. 누가 쓴 글인가요? ·····································(   )

① 솔이   ② 단지

집 앞에 고구마를 놓고 간다.

2. 어디에 고구마를 놓고 갔나요? ·······················(   )

① 교실   ② 집 앞

3. 단지는 집 앞에 무엇을 놓고 갔나요? ···············(   )

① 오이   ② 고구마   ③ 옥수수

월   일   요일   확인

 단지에게 고마운 마음을 담아 답장을 써 보세요.

단지야

고구마 줘서

_____

_____

_____

_____

_____

 동물원에 숨어 있는 홀소리를 찾아 색칠해 보세요.

 그림에서 찾은 홀소리를 써 보세요.

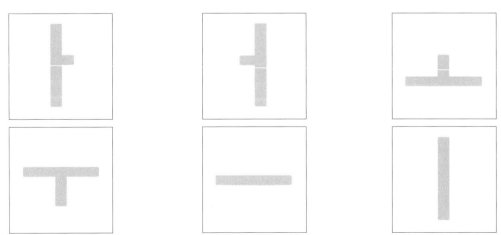

순서에 주의하여 홀소리를 써 보세요.

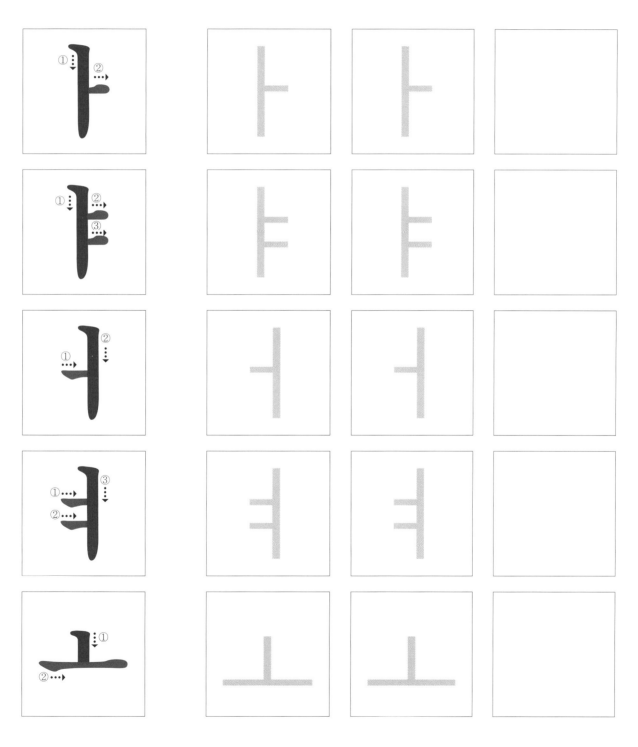

 순서에 주의하여 홀소리를 써 보세요.

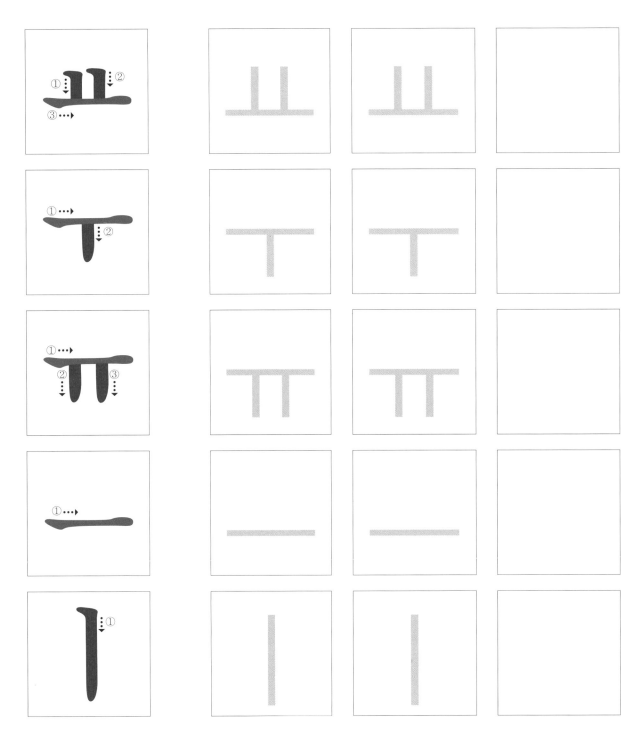

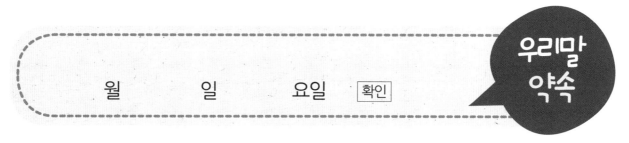

 다음 글을 큰 소리로 읽고, 아래에 써 보세요.

 야,

여우

 야, 뭐 하니?

여우

 마셔야지.

우유

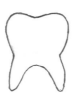 가

이

 !

아야야

	여 우		우 유
	이		아 야 야

우리 엄마

우리 엄마는 요리사예요.
맛있는 음식을 만들어요.

우리 엄마는 의사예요.
내가 아플 때 낫게 해 줘요.

우리 엄마는 화가예요.
그림을 잘 그려요.

우리 엄마는 개그맨이에요.
나를 웃게 해 줘요.

선생님께 한마디 받침이 있는 말 다음에는 '이에요/이어요', 받침이 없을 때에는 '예요/여요'로 씁니다.

월   일   요일   확인

 엄마가 무엇을 잘하시는지 읽고 사다리를 따라가 보세요.
글자를 따라 쓰고 큰 소리로 읽어 보세요.

맛있는 음식을
만들어요.

내가 아플 때
낫게 해 줘요.

그림을
잘 그려요.

나를 웃게
해 줘요.

화가

요리사

개그맨

의사

설명하는 글을 읽고 〈보기〉에서 찾아 쓰세요.

〈보기〉

요리사 　　 의사 　　 화가 　　 개그맨

1. 맛있는 음식을 만들어요.

2. 내가 아플 때 낫게 해 줘요.

3. 그림을 잘 그려요.

4. 나를 웃게 해 줘요.

엄마는 대번 아세요

윤석중

내 목소린지 아닌지
엄마는 대번 아세요.

내 발소린지 아닌지
엄마는 대번 아세요.

내가 배가 고픈지 안 고픈지
엄마는 대번 아세요.

내가 어디가 아픈지 안 아픈지
엄마는 대번 아세요.

내가 정말 자는지 안 자는지
엄마는 대번 아세요.

 글마중을 읽고 상황에 필요한 것을 연결해 보세요.

배고프다

아프다

졸리다

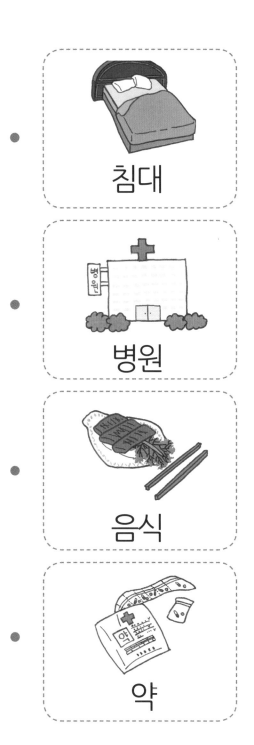

침대

병원

음식

약

다음 글을 읽고 알맞은 답을 찾아보세요.

내 목소린지 아닌지
엄마는 대번 아세요.

1. 엄마는 무엇을 대번에 아시나요? ⋯⋯⋯⋯⋯⋯⋯⋯⋯ (   )

　　① 내 목도리　　　　　　　② 내 목소리

내 발소린지 아닌지
엄마는 대번 아세요.

2. 엄마는 무엇을 대번에 아시나요? ⋯⋯⋯⋯⋯⋯⋯⋯⋯ (   )

　　① 내 발소리　　　　　　　② 내 기침 소리

내가 배가 고픈지 안 고픈지
엄마는 대번 아세요.

3. 엄마는 무엇을 대번에 아시나요? ⋯⋯⋯⋯⋯⋯⋯⋯⋯ (   )

　　① 내가 졸린지　　　　　　② 내가 배가 고픈지

다음 글을 읽고 알맞은 답을 찾아보세요.

내가 어디가 아픈지 안 아픈지
엄마는 대번 아세요.

1. 엄마는 무엇을 대번에 아시나요? ·················· (   )

　① 내가 아픈지　　　　　　　② 내가 슬픈지

내가 정말 자는지 안 자는지
엄마는 대번 아세요.

2. 엄마는 무엇을 대번에 아시나요? ·················· (   )

　① 내가 배가 부른지　　　　　② 내가 자는지

 엄마의 얼굴을 그리고 소개글을 써 보세요.

우리 엄마 얼굴♥

1. 이름 :

2. 나이 :

3. 좋아하는 색 :

4. 좋아하는 음식 :

5. 좋아하는 노래 :

어버이날 편지

엄마!

저 지후예요.

맨날 말썽부려서 죄송해요.

엄마, 이제부터 말 잘 들을게요.

맛있는 것 해 주셔서 감사합니다.

제가 크면 엄마께 맛있는 요리

해 드릴게요.

엄마, 사랑해요.

5월 8일

지후 올림

5월은 가정의 달입니다. 숫자를 써서 달력을 완성하고 아래의 기념일을 달력에 ○ 하세요.

5월

일	월	화	수	목	금	토
				1	2	3
4	5	6	7	8	9	10
11	12	13	14	15	16	17
18	19	20	21	22	23	24
25	26	27	28	29	30	31

5월 5일은 **어린이날**

5월 8일은 **어버이날**

5월 15일은 **스승의 날**

다음 글을 읽고 알맞은 답을 찾아보세요.

1. 누가 누구에게 편지를 썼나요?

지후 가 ⇨ 엄마 께

엄마, 이제부터 말 잘 들을게요.

2. 지후는 누구의 말을 잘 듣겠다고 했나요? ·············(   )

① 할아버지   ② 할머니   ③ 엄마

제가 크면 엄마께 맛있는 요리 해 드릴게요.

3. 지후는 커서 엄마께 무엇을 해 드리겠다고 했나요? ·········(   )

① 집 청소   ② 맛있는 요리

엄마께 감사하는 마음을 담아 편지를 써 보세요.

엄마께

엄마, 사랑 해요.

＿＿월 ＿＿일

＿＿＿＿＿올림

엄마의 심부름

"지후야, 심부름 좀 해 줄래?

맛있는 콩나물국 끓여 줄게.

콩나물 천 원어치 사 와.

차 조심해."

내가 해 본 심부름에 ○ 하세요.

빨래 개기

물건 사 오기

동생 돌보기

거울 닦기

바닥 쓸기

설거지하기

다음 글을 읽고 알맞은 답을 찾아보세요.

지후야, 심부름 좀 해 줄래?

1. 엄마가 무엇을 하라고 하셨나요? ⸺⸺⸺⸺⸺⸺ (   )

① 심부름

② 공부

맛있는 콩나물국 끓여 줄게.

2. 엄마가 무엇을 끓여 주신다고 했나요? ⸺⸺⸺⸺ (   )

① 콩나물국

② 된장국

월　　　　일　　　　요일　　[확인]

 다음 글을 읽고 알맞은 답을 찾아보세요.

　콩나물 천 원어치 사 와.

1. 엄마가 무엇을 사 오라고 했나요? ························ (　　　　)

　　① 사과　　　　　　② 시금치　　　　　　③ 콩나물

2. 엄마가 콩나물을 얼마만큼 사 오라고 했나요? ··········· (　　　　)

　　① 오백 원어치　　　　　　② 천 원어치

　차 조심해.

3. 엄마는 무엇을 조심하라고 했나요? ······················ (　　　　)

　　① 개 조심　　　　　　② 차 조심

우리 집

김가은

네모 모양 우리 집에는

아빠, 엄마, 나,

강아지 2마리,

토끼 1마리,

금붕어 4마리가

다 함께 사이좋게 산다.

나는 우리 집이 제일 좋다.

네모 모양 우리 집에는 누가 사나요? 붙임자료 를 숫자에 맞게 붙여 보세요.

* 붙임자료는 133쪽에 있습니다.

아빠

엄마

나

금붕어

강아지

토끼

다음 글을 읽고 알맞은 답을 찾아보세요.

네모 모양 우리 집에는
아빠, 엄마, 나, 강아지 2마리, 토끼 1마리,
금붕어 4마리가 다 함께 사이좋게 산다.

1. 네모 모양 우리 집에는 누가 살고 있나요? ○ 하세요.

(   )   (   )   (   )   (   )   (   )

2. 네모 모양 우리 집에는 무슨 동물을 키우나요? ○ 하세요.

(   )   (   )   (   )   (   )   (   )

3. 우리 집에 사는 동물은 몇 마리인지 수만큼 ○를 색칠하고 몇 마리인지
   써 보세요.

🐶	강아지	○○○○○	2마리
🐰	토끼	○○○○○	1마리
🐟	금붕어	○○○○○	4마리

우리 가족의 호칭을 써 보세요.

아버지   아빠   어머니   엄마

형
오빠

나

누나
언니

동생

 어항 안에 물고기 가족을 그려 보세요. 물고기 가족이 무엇을 하고 있을까요?

사랑하는 하림아!
생일 축하해.
생일 선물은 자전거야.
주말에 공원에서 자전거 타자.

― 엄마가 ―

 내 나이만큼 케이크에 초를 붙이고 생일 축하 노래를 불러 보세요.

* 붙임자료는 133쪽에 있습니다.

 누가 쓴 글일까요? 빈칸에 쓰세요.

사랑하는 하림아!
생일 축하해.
생일 선물은 자전거야.
주말에 공원에서 자전거 타자.

 문장에 맞는 그림을 붙임자료 **에서 찾아 붙이세요.**

생일
축하해.

생일 선물은
자전거야.

주말에
공원에서
자전거 타자.

* 붙임자료는 134쪽에 있습니다.

다음 글을 읽고 알맞은 답을 고르세요.

생일 축하해.

1. 무엇을 축하한다고 했나요? ────────────── (   )

   ① 생일   ② 졸업

생일 선물은 자전거야.

2. 생일 선물은 무엇인가요? ────────────── (   )

   ① 자전거   ② 농구공

주말에 공원에서 자전거 타자.

3. 주말에 공원에서 무엇을 타자고 했나요? ────── (   )

   ① 기차   ② 자전거

월   일   요일   확인

 탈것에 대해 알아봅시다.

자동차   비행기   배

지하철   버스   기차

 탈것의 이름을 넣어 문장을 완성해 보세요.

1. | | | | 을 탑니다.

2. | | | | 를 탑니다.

3. | | | 를 탑니다.

 '타다'의 반대말을 써 보세요.

타다   ⟷   내리다

 순서에 주의하며 닿소리를 읽고 써 보세요.

 기역

ㄱ ㄱ

 큰 소리로 읽으면서 바르게 써 보세요.

ㅏ	ㅑ	ㅓ	ㅕ	ㅗ	ㅛ	ㅜ	ㅠ	ㅡ	ㅣ
가	갸	거	겨	고	교	구	규	그	기
악	약	억	역	옥	욕	욱	육	윽	익

 'ㄱ'이 들어가 있는 낱말에 ○ 하세요.

바다   수박   고구마

고민하다   모자   눈사람

월   일   요일   확인

 낱말을 읽고 써 보세요.

고	구	마

감	자

길	쭉	길	쭉

 낱자들을 더해서 써 보세요.

첫소리	+	가운뎃소리	+	끝소리	=	글자

ㄱ	+	ㅐ	+		=	개	
ㄱ	+	ㅏ	+	ㅇ	=	강	
ㄱ	+	ㅣ	+	ㅁ	=	김	
ㄱ	+	ㅗ	+	ㅁ	=	곰	

'ㄱ'이 끝소리로 쓰이는 낱말을 읽고 써 보세요.

수	박
ㅅㅜ	ㅂㅏㄱ
수	박

옥	수	수
ㅇㅗㄱ	ㅅㅜ	ㅅㅜ
옥	수	수

똑	딱	똑	딱
ㄸㅗㄱ	ㄸㅏㄱ	ㄸㅗㄱ	ㄸㅏㄱ
똑	딱	똑	딱

'마리, 나랑 결혼할래?'를 읽고

나는 남자,
내 친구 이슬이는 여자다.
나는 이슬이를 좋아한다.
나도 커서
"이슬아, 나랑 결혼할래?"라고
말해야지!

＊그림 김준우 어린이＊

다음 글을 읽고 알맞은 답을 찾아보세요.

나는 남자,
내 친구 이슬이는 여자다.
나는 이슬이를 좋아한다.

1. 그림과 낱말을 바르게 연결하세요.

•

•
이슬이

•

•
나

2. 나는 누구를 좋아하나요? .... (   )

① 할머니   ② 이슬이

다음 글을 읽고 알맞은 답을 찾아보세요.

나도 커서
"이슬아, 나랑 결혼할래?"라고 말해야지!

1. 나는 커서 이슬이와 무엇을 하고 싶나요? ·················· (   )

① 결혼

② 식사

2. 위의 글을 읽고 알맞은 말을 써서 문장을 완성하세요.

나는 [   ] 이슬이에게

[   ] 하자고 [   ] !

뽐내기

 어른이 되어 결혼할 때 입을 옷과 장식을 붙임자료 를 활용해서 꾸며보세요.

* 붙임자료는 134쪽에 있습니다.

결혼식 사진을 보며

엄마, 아빠의 결혼식 사진을 보았다.

할머니, 할아버지, 이모, 고모도

다 있는데 나는 없다.

나는 어디에 있지?

다음 글을 읽고 알맞은 답을 찾아보세요.

엄마, 아빠의 결혼식 사진을 보았다.

1. 누구의 결혼식 사진을 보았나요? ⋯⋯⋯⋯⋯⋯⋯⋯⋯⋯ (　　　　)

　　① 할아버지, 할머니　　　　　② 엄마, 아빠

할머니, 할아버지, 이모, 고모도 다 있는데 나는 없다.
나는 어디에 있지?

2. 결혼식 사진에 없는 사람은 누구인가요? ⋯⋯⋯⋯⋯⋯ (　　　　)

　　① 나　　　　　　　　　　② 신랑

3. 빈칸에 들어갈 말은 무엇인가요? ⋯⋯⋯⋯⋯⋯⋯⋯⋯⋯ (　　　　)

　　아빠, 엄마 결혼식 사진에 나는 .

　　① 있다　　　　　　　　　② 없다

 아버지와 관계 있는 친척들의 호칭을 붙임자료 에서 찾아
알맞게 붙여 보세요.

* 붙임자료는 135쪽에 있습니다.

할아버지

큰아빠   아빠   엄마   고모부

나

낱말 창고

 어머니와 관계 있는 친척들의 호칭을 붙임자료 **에서 찾아 알맞게 붙여 보세요.**

* 붙임자료는 135쪽에 있습니다.

외할머니

외숙모   아빠   엄마   이모부

나

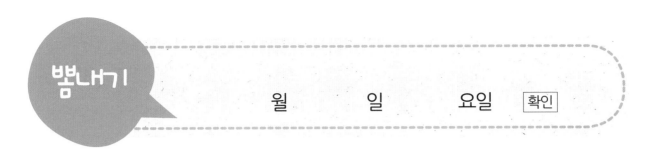
 가족의 결혼식 사진을 붙이고 친척들을 찾아보세요.

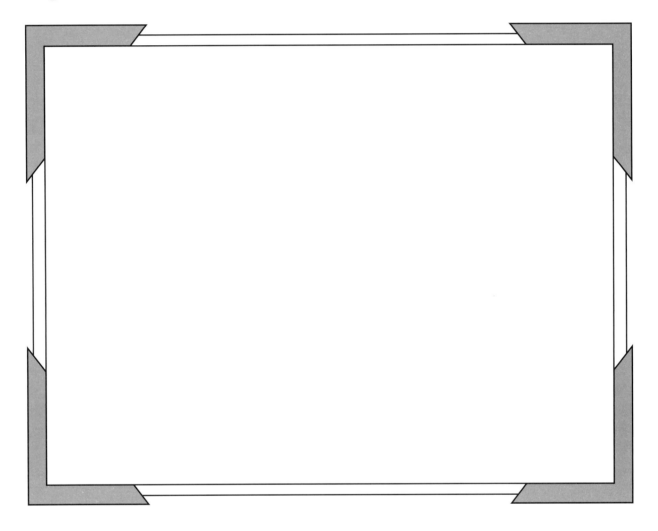

★ 부모님의 결혼식 사진을 보면서 어떤 기분이 드나요?

★ 내가 부모님의 결혼식을 볼 수 있다면 어떤 선물이나 축하의 말을 하고 싶나요?

★ 부모님의 결혼식에 대해 가족들과 이야기를 나눠 보세요.

정호의 일기

6월 8일 토요일 날씨: 맑음

 제목: 고모의 결혼식

오늘은 고모의 결혼식이다.

고모부는 파란 눈의 아저씨다.

고모부가 계속 웃는다.

사람들도 손뼉을 치며 웃는다.

결혼은 정말 좋은가 보다.

＊그림 김준우 어린이 ＊

결혼식과 관련된 그림을 찾아 ○ 하세요.

월   일   요일   확인

 다음 글을 읽고 알맞은 답을 찾아보세요.

오늘은 고모의 결혼식이다.

1. 오늘 결혼한 사람은 누구인가요? ·················· (   )

① 고모   ② 엄마

고모부는 파란 눈의 아저씨다.

2. 파란 눈의 아저씨는 누구인가요? ·················· (   )

① 아빠   ② 고모부

고모부가 계속 웃는다.

3. 고모부의 표정은 어떤가요? ·················· (   )

① 울고 있다   ② 웃는다

다음 글을 읽고 알맞은 답을 찾아보세요.

사람들도 손뼉을 치며 웃는다.

1. 사람들은 무엇을 하나요? ⸺⸺⸺⸺⸺ (   )

① 손뼉을 친다.   ② 춤을 춘다.

2. 사람들은 손뼉을 치며 표정은 어떤가요? ⸺⸺ (   )

① 웃는다   ② 운다

결혼은 정말 좋은가 보다.

3. 나는 무엇이 좋은 것 같다고 생각했나요? ⸺⸺ (   )

① 이사   ② 결혼

소희네 가족이

이사를 갑니다.

아파트로

이사를 갑니다.

이사와 관련된 장면에 ○ 하세요.

다음 글을 읽고 알맞은 답을 찾아보세요.

소희네 가족이 이사를 갑니다.

1. 소희네 가족이 무엇을 하나요? ·· (   )

① 이사

② 외식

아파트로 이사를 갑니다.

2. 어디로 이사를 가나요? ·· (   )

① 초가집

② 아파트

 여러분이 이사 가고 싶은 집을 그려 보세요.

이사 가는 날 (2)

트럭이 왔습니다.

사다리를 설치합니다.

냉장고를 나릅니다.

컴퓨터를 나릅니다.

청소기를 나릅니다.

전화기를 나릅니다.

곰 인형을 나릅니다.

집 안에 있는 물건을

모두 트럭에 실었습니다.

월   일   요일   확인

 글마중을 읽고 이사 갈 때 실어야 하는 물건을 붙임자료 에서 찾아 붙이세요.

* 붙임자료는 135쪽에 있습니다.

| 냉장고 | 컴퓨터 | 청소기 | 전화기 | 곰 인형 | 비행기 |

다음 글을 읽고 알맞은 답을 찾아보세요.

트럭이 왔습니다. 사다리를 설치합니다.
냉장고를 나릅니다. 컴퓨터를 나릅니다.

1. 이사를 하기 위해 무엇이 왔나요? .... (   )

① 트럭   ② 자전거

2. 트럭이 와서 무엇을 설치했나요? .... (   )

① 모기장   ② 사다리

3. 이사를 할 때 나르지 <u>않은</u> 것은 무엇인가요? .... (   )

① 냉장고   ② 비행기   ③ 컴퓨터

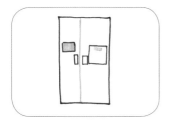      

다음 글을 읽고 알맞은 답을 고르세요.

청소기를 나릅니다. 전화기를 나릅니다.
집 안에 있는 물건을 모두 트럭에 실었습니다.

1. 빈칸에 들어갈 말은 무엇인가요? ⋯⋯⋯⋯⋯⋯⋯⋯⋯ (   )

청소기를 (   ).
전화기를 (   ).

① 샀습니다   ② 나릅니다

2. 물건을 모두 어디에 실었나요? ⋯⋯⋯⋯⋯⋯⋯⋯⋯⋯ (   )

① 자동차   ② 트럭

3. 빈칸에 들어갈 말은 무엇인가요? ⋯⋯⋯⋯⋯⋯⋯⋯⋯ (   )

이사 갈 물건을 모두 트럭에 (   ).

① 나릅니다   ② 실었습니다

만약 내가 이사를 간다면 트럭에 무엇을 싣고 싶은가요?
잡지의 사진이나 붙임자료 를 붙여보세요.

* 붙임자료는 135쪽에 있습니다.

| 구름 | 책 | 바지 | 자전거 | 로봇 | 책상 | 학용품 | 컴퓨터 | 냉장고 |

새 집에 왔어요

 아저씨들이 냉장고를 나릅니다.

 아빠는 컴퓨터를 연결합니다.

 엄마는 청소기를 돌립니다.

 소희는 전화기를 닦습니다.

 동생은 인형을 안고 있습니다.

 누가 무슨 일을 했는지 바르게 연결해 보세요.

아저씨

아빠

엄마

소희

동생

청소기를 돌립니다.

곰 인형을 안고 있어요.

냉장고를 나릅니다.

전화기를 닦습니다.

컴퓨터를 연결합니다.

다음 글을 읽고 알맞은 답을 찾아보세요.

아저씨들이 냉장고를 나릅니다.
아빠는 컴퓨터를 연결합니다.

1. 누가 냉장고를 나르나요? ⸺⸺⸺⸺⸺⸺⸺⸺ (   )

　① 아빠   ② 아저씨

2. 아빠는 무엇을 하나요? ⸺⸺⸺⸺⸺⸺⸺⸺ (   )

　① 냉장고를 나릅니다.   ② 컴퓨터를 연결합니다.

3. 빈칸에 알맞은 단어를 쓰세요.

　　　　　　　　　　 들이 냉장고를 나르고,

　　　　　는 컴퓨터를 연결합니다.

다음 글을 읽고 알맞은 답을 찾아보세요.

엄마는 청소기를 돌립니다.
소희는 전화기를 닦습니다.
동생은 인형을 안고 있습니다.

1. 빈칸에 들어갈 말은 무엇인가요? ⋯⋯⋯⋯⋯⋯⋯⋯⋯⋯ (   )

 는 청소기를 (   ).

① 안고 있습니다   ② 돌립니다

2. 소희는 무엇을 하나요? ⋯⋯⋯⋯⋯⋯⋯⋯⋯⋯⋯⋯⋯⋯ (   )

① 인형을 안고 있습니다.   ② 전화기를 닦습니다.

3. 인형을 안고 있는 사람은 누구인가요? ⋯⋯⋯⋯⋯⋯ (   )

① 동생   ② 소희

월   일   요일   확인

 그림을 보고 글자를 색칠하여 낱말을 완성하세요.

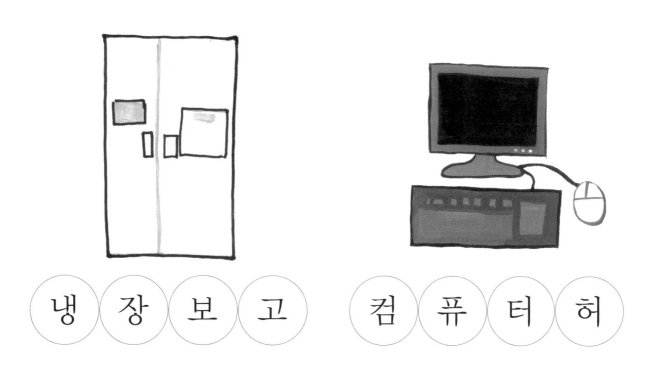

냉 장 보 고   컴 퓨 터 허

전 화 이 기   청 소 오 기

설명 글을 읽고 알맞은 물건을 골라서 빈칸에 쓰세요.

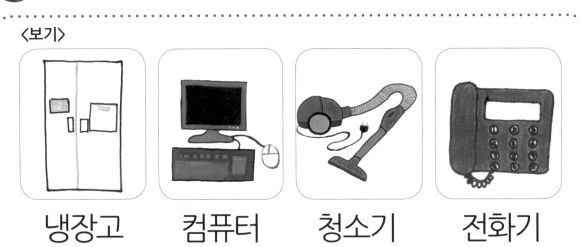

〈보기〉

냉장고　　컴퓨터　　청소기　　전화기

1. 음식이 들어 있어요.
　문을 열면 시원해요.

2. 인터넷을 할 수 있어요.
　키보드, 모니터, 마우스가 달려 있어요.

3. '따르릉 따르릉' 소리가 나요.
　멀리 있는 사람과 이야기 할 수 있어요.

4. 먼지를 빨아들여요.
　소리가 시끄러워요.

이사를 끝내고

새 집에서 중국 음식을 주문했어요.

자장면, 짬뽕, 볶음밥, 탕수육이 왔어요.

다 함께 음식을 먹었어요.

새 집에서 먹으니 더 맛있어요!

글마중을 읽고 배달 음식과 이름을 연결하고 써 보세요.

볶○○   **자**○○   **탕**○○   **짬**○

다음 글을 읽고 알맞은 답을 찾아보세요.

　새 집에서 중국 음식을 주문했어요.
　자장면, 짬뽕, 볶음밥, 탕수육이 왔어요.

1. 어디에서 중국 음식을 먹었나요? ·············· (　　　　)

　① 새 집　　　　　　　　　② 새 차

2. 무엇을 주문했나요? ·················· (　　　　)

　① 피자　　　　　　　　　② 중국 음식

3. 배달 온 음식이 <u>아닌</u> 것은 무엇인가요? ·············· (　　　　)

　① 자장면　　　　② 볶음밥　　　　③ 군만두

다음 글을 읽고 알맞은 답을 찾아보세요.

다 함께 음식을 먹었어요.
새 집에서 먹으니 더 맛있어요.

1. 다 함께 무엇을 했나요? ─────────────── (   )

① 윷놀이를 했어요.   ② 음식을 먹었어요.

2. 음식의 맛은 어땠나요? ─────────────── (   )

① 맛있었다   ② 맛없었다

3. 이사하는 날 어떤 음식을 먹고 싶은지 써 보세요.

보내는 사람

서울특별시 송파구 양재대로 121
빛가람아파트 3동 203호

김소희

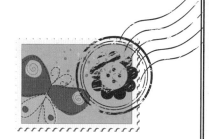

민식이에게

민식아, 나 이사했어.

전화 자주 할게.

너도 전화해.

전화번호는 956-1234야.

받는 사람

경기도 의정부시 부용로 233
경인아파트 305호

이민식

 글마중을 보고 빈칸에 알맞은 내용을 붙임자료 에서 찾아
붙여보세요.

* 붙임자료는 135쪽에 있습니다.

소희의 엽서

보내는 사람

하고 싶은 말

받는 사람

다음 글을 읽고 알맞은 답을 찾아보세요.

민식이에게
민식아, 나 이사했어.
전화 자주 할게.
너도 전화해.
전화번호는 956-1234야.

소희가

1. 누가 누구에게 편지를 보냈는지 써 보세요.

   [　　　　] 가 ⇨ [　　　　　　] 에게

2. 소희가 민식이에게 무엇을 하라고 했나요? ⋯⋯⋯ (   )

   ① 전화   ② 편지

3. 누가 이사를 했나요? ⋯⋯⋯⋯⋯⋯⋯⋯⋯⋯ (   )

   ① 소희   ② 민식

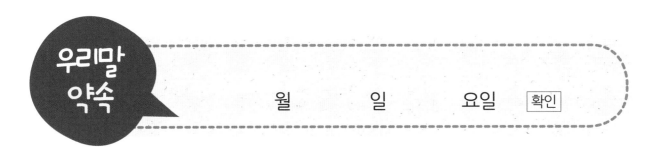

우리말
약속

월   일   요일   확인

 순서에 주의하며 닿소리를 읽고 써 보세요.

ㄴ 니은

 큰 소리로 읽으면서 바르게 써 보세요.

ㅏ	ㅑ	ㅓ	ㅕ	ㅗ	ㅛ	ㅜ	ㅠ	ㅡ	ㅣ
나	냐	너	녀	노	뇨	누	뉴	느	니
안	얀	언	연	온	욘	운	윤	은	인

 'ㄴ'이 들어가 있는 낱말에 ○ 하세요.

줄넘기   수박   날다

우산   눈사람   소라

낱말을 읽고 써 보세요.

나	비

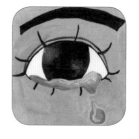

눈

날	아	라

 낱자들을 더해서 써 보세요.

첫소리	+	가운뎃소리	+	끝소리	=	글자

ㄴ	+	ㅏ	+		=	나
ㄴ	+	ㅓ	+		=	너
ㄴ	+	ㅏ	+	ㅁ	=	남
ㄴ	+	ㅜ	+	ㄴ	=	눈

'ㄴ'이 끝소리로 쓰이는 낱말을 읽고 써 보세요.

분	수
ㅂㅜㄴ ㅅㅜ	
분	수

잔	소	리
ㅈㅏㄴ	ㅅㅗ	ㄹㅣ
잔	소	리

소	란	하	다
ㅅㅗ	ㄹㅏㄴㅎㅏ	다	
소	란	하	다

좋아하는
동시를
써 보세요

좋아하는
노랫말을
써 보세요

친구 이름을
써 보세요

★ 48쪽에 활용하세요.

★ 52쪽에 활용하세요.

오이　　　　당근　　　　감자　　　　가지

토마토　　　피망　　　　버섯　　　　양파

★ 77쪽에 활용하세요.

★ 82쪽에 활용하세요.

★ 83쪽에 활용하세요.

★ 93쪽에 활용하세요.

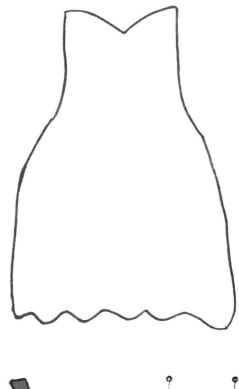

★ 96쪽에 활용하세요.

고모 　　　 할아버지 　　　 큰아빠 　　　 고모부

아빠 　　　 엄마 　　　 할머니 　　　 큰엄마

★ 97쪽에 활용하세요.

외할아버지 　　　 외할머니 　　　 외삼촌 　　　 외숙모

아빠 　　　 엄마 　　　 이모 　　　 이모부

★ 109쪽에 활용하세요.

★ 112 쪽에 활용하세요.

★ 124쪽에 활용하세요.

민식이에게

민식아, 나 이사했어.

전화 자주 할게.

너도 전화해.

전화번호는 956-1234야.

보내는 사람

서울특별시 송파구 양재대로 121
빛가람아파트 3동 203호

　　　　　　　　　　김소희

받는 사람

경기도 의정부시 부용로 223
경인아파트 305호

　　　　　　　　　　이민식